Recipe:

Serving:

Prep Time:

Cook Time:

Temperature:

Ingredients:

Methods:

Wine Pairing:

From the Kitchen of:

Recipe:

Serving:

Prep Time:

Cook Time:

Temperature:

Ingredients:

Methods:

Wine Pairing:

From the Kitchen of:

Recipe: _______________________

Serving: _______________________   Prep Time: _______________________

Cook Time: _______________________   Temperature: _______________________

Ingredients:

____
____
____
____
____
____
____
____
____
____
____
____
____
____
____
____
____
____

Methods:

____
____
____
____
____
____
____
____
____
____
____
____
____
____
____
____
____
____

Wine Pairing: _______________________________________

From the Kitchen of: _______________________________________

Recipe:

Serving:

Prep Time:

Cook Time:

Temperature:

Ingredients:

Methods:

Wine Pairing:

From the Kitchen of:

Recipe:

Serving:

Prep Time:

Cook Time:

Temperature:

Ingredients:

Methods:

Wine Pairing:

From the Kitchen of:

Recipe:

Serving:

Prep Time:

Cook Time:

Temperature:

Ingredients:

Methods:

Wine Pairing:

From the Kitchen of:

Recipe:

Serving:

Prep Time:

Cook Time:

Temperature:

Ingredients:

Methods:

Wine Pairing:

From the Kitchen of:

Recipe:

Serving:

Prep Time:

Cook Time:

Temperature:

Ingredients:

Methods:

Wine Pairing:

From the Kitchen of:

Recipe: ____

Serving: _______________________   Prep Time: _______________________

Cook Time: _______________________   Temperature: _______________________

Ingredients:

________________________________   Methods:
________________________________   ________________________________
________________________________   ________________________________
________________________________   ________________________________
________________________________   ________________________________
________________________________   ________________________________
________________________________   ________________________________
________________________________   ________________________________
________________________________   ________________________________
________________________________   ________________________________
________________________________   ________________________________
________________________________   ________________________________
________________________________   ________________________________
________________________________   ________________________________
________________________________   ________________________________
________________________________   ________________________________
________________________________   ________________________________

Wine Pairing: ____

From the Kitchen of: ____

Recipe:

Serving:

Prep Time:

Cook Time:

Temperature:

Ingredients:

Methods:

Wine Pairing:

From the Kitchen of:

Recipe:

Serving: Prep Time:

Cook Time: Temperature:

Ingredients: Methods:

Wine Pairing:

From the Kitchen of:

Recipe:

Serving:

Prep Time:

Cook Time:

Temperature:

Ingredients:

Methods:

Wine Pairing:

From the Kitchen of:

Recipe:

Serving: Prep Time:

Cook Time: Temperature:

Ingredients: Methods:

Wine Pairing:

From the Kitchen of:

Recipe:

Serving:

Prep Time:

Cook Time:

Temperature:

Ingredients:

Methods:

Wine Pairing:

From the Kitchen of:

Recipe:

Serving: Prep Time:

Cook Time: Temperature:

Ingredients: Methods:

Wine Pairing:

From the Kitchen of:

Recipe:

Serving: Prep Time:

Cook Time: Temperature:

Ingredients: Methods:

Wine Pairing:

From the Kitchen of:

Recipe:

Serving: Prep Time:

Cook Time: Temperature:

Ingredients: Methods:

Wine Pairing:

From the Kitchen of:

Recipe: ___________________________

Serving: _______________   Prep Time: _______________

Cook Time: _______________   Temperature: _______________

Ingredients:

Methods:

Wine Pairing: _______________

From the Kitchen of: _______________

Recipe: _______________________________

Serving: _______________   Prep Time: _______________

Cook Time: _______________   Temperature: _______________

Ingredients:

____

____

____

____

____

____

____

____

____

____

____

____

____

____

____

____

____

____

Methods:

____

____

____

____

____

____

____

____

____

____

____

____

____

____

____

____

____

____

Wine Pairing: _______________________________

From the Kitchen of: _______________________________

Recipe: ______________________________

Serving: ____________________   Prep Time: ____________________

Cook Time: ____________________   Temperature: ____________________

Ingredients:

____
____
____
____
____
____
____
____
____
____
____
____
____
____
____
____

Methods:

____
____
____
____
____
____
____
____
____
____
____
____
____
____
____
____

Wine Pairing: ____________________________________

From the Kitchen of: ____________________________________

Recipe: ______________________________

Serving: ______________ Prep Time: ______________

Cook Time: ______________ Temperature: ______________

Ingredients:

Methods:

Wine Pairing: ______________________________

From the Kitchen of: ______________________________

Recipe: ______________________________

Serving: ______________   Prep Time: ______________

Cook Time: ______________   Temperature: ______________

Ingredients:

____
____
____
____
____
____
____
____
____
____
____
____
____
____

Methods:

____
____
____
____
____
____
____
____
____
____
____
____
____
____

Wine Pairing: ______________________________

From the Kitchen of: ______________________________

Recipe:

Serving:

Prep Time:

Cook Time:

Temperature:

Ingredients:

Methods:

Wine Pairing:

From the Kitchen of:

Recipe: _______________________________

Serving: _______________ Prep Time: _______________

Cook Time: _______________ Temperature: _______________

Ingredients:

____
____
____
____
____
____
____
____
____
____
____
____
____
____
____
____

Methods:

____
____
____
____
____
____
____
____
____
____
____
____
____
____
____
____

Wine Pairing: _______________________________

From the Kitchen of: _______________________________

Recipe:

Serving: Prep Time:

Cook Time: Temperature:

Ingredients: Methods:

Wine Pairing:

From the Kitchen of:

Recipe: _______________________

Serving: _______________________

Prep Time: _______________________

Cook Time: _______________________

Temperature: _______________________

Ingredients:

Methods:

Wine Pairing: _______________________

From the Kitchen of: _______________________

Recipe: ______________________________

Serving: ______________   Prep Time: ______________

Cook Time: ______________   Temperature: ______________

Ingredients: Methods:

Wine Pairing: ______________________________

From the Kitchen of: ______________________________

Recipe: ______________________________________

Serving: ___________________   Prep Time: ___________________

Cook Time: _________________   Temperature: _________________

Ingredients: Methods:

___________________   ___________________
___________________   ___________________
___________________   ___________________
___________________   ___________________
___________________   ___________________
___________________   ___________________
___________________   ___________________
___________________   ___________________
___________________   ___________________
___________________   ___________________
___________________   ___________________
___________________   ___________________
___________________   ___________________
___________________   ___________________
___________________   ___________________
___________________   ___________________
___________________   ___________________
___________________   ___________________

Wine Pairing: _________________________________

From the Kitchen of: ___________________________

Recipe:

Serving: Prep Time:

Cook Time: Temperature:

Ingredients: Methods:

Wine Pairing:

From the Kitchen of:

Recipe:

Serving: Prep Time:

Cook Time: Temperature:

Ingredients: Methods:

Wine Pairing:

From the Kitchen of:

Recipe: ______________________________

Serving: __________________ Prep Time: __________________

Cook Time: __________________ Temperature: __________________

Ingredients:

____
____
____
____
____
____
____
____
____
____
____
____
____
____
____
____
____
____

Methods:

____
____
____
____
____
____
____
____
____
____
____
____
____
____
____
____
____
____

Wine Pairing: __________________________________

From the Kitchen of: __________________________________

Recipe:

Serving: Prep Time:

Cook Time: Temperature:

Ingredients: Methods:

Wine Pairing:

From the Kitchen of:

Recipe: _______________________________________

Serving: _______________________   Prep Time: _______________________

Cook Time: _______________________   Temperature: _______________________

Ingredients:

Methods:

Wine Pairing: _______________________________________

From the Kitchen of: _______________________________________

Recipe: _______________________________

Serving: _______________________   Prep Time: _______________________

Cook Time: _______________________   Temperature: _______________________

Ingredients: Methods:

_______________________________   _______________________________
_______________________________   _______________________________
_______________________________   _______________________________
_______________________________   _______________________________
_______________________________   _______________________________
_______________________________   _______________________________
_______________________________   _______________________________
_______________________________   _______________________________
_______________________________   _______________________________
_______________________________   _______________________________
_______________________________   _______________________________
_______________________________   _______________________________
_______________________________   _______________________________
_______________________________   _______________________________

Wine Pairing: _______________________________

From the Kitchen of: _______________________________

Recipe: ____

Serving: ___________________ Prep Time: ___________________

Cook Time: ___________________ Temperature: ___________________

Ingredients:

____
____
____
____
____
____
____
____
____
____
____
____
____
____
____
____
____
____
____
____

Methods:

____
____
____
____
____
____
____
____
____
____
____
____
____
____
____
____
____
____
____
____

Wine Pairing: ____

From the Kitchen of: ____

Recipe:

Serving:

Prep Time:

Cook Time:

Temperature:

Ingredients:

Methods:

Wine Pairing:

From the Kitchen of:

Recipe: ____

Serving: _______________   Prep Time: _______________

Cook Time: _______________   Temperature: _______________

Ingredients: Methods:

Wine Pairing: ____

From the Kitchen of: _______________________________________

Recipe: ______________________________

Serving: _______________   Prep Time: _______________

Cook Time: _______________   Temperature: _______________

Ingredients:

____
____
____
____
____
____
____
____
____
____
____
____
____
____
____
____

Methods:

____
____
____
____
____
____
____
____
____
____
____
____
____
____
____
____

Wine Pairing: _______________________________

From the Kitchen of: _______________________________

Recipe:

Serving: Prep Time:

Cook Time: Temperature:

Ingredients: Methods:

Wine Pairing:

From the Kitchen of:

Recipe:

Serving: Prep Time:

Cook Time: Temperature:

Ingredients: Methods:

Wine Pairing:

From the Kitchen of:

Recipe:

Serving: Prep Time:

Cook Time: Temperature:

Ingredients: Methods:

Wine Pairing:

From the Kitchen of:

Recipe:

Serving:

Prep Time:

Cook Time:

Temperature:

Ingredients:

Methods:

Wine Pairing:

From the Kitchen of:

Recipe:

Serving:

Prep Time:

Cook Time:

Temperature:

Ingredients:

Methods:

Wine Pairing:

From the Kitchen of:

Recipe:

Serving:

Prep Time:

Cook Time:

Temperature:

Ingredients:

Methods:

Wine Pairing:

From the Kitchen of:

Recipe: _______________________________

Serving: _______________   Prep Time: _______________

Cook Time: _______________   Temperature: _______________

Ingredients:

____
____
____
____
____
____
____
____
____
____
____
____
____

Methods:

____
____
____
____
____
____
____
____
____
____
____
____
____

Wine Pairing: _______________________________

From the Kitchen of: _______________________________

Recipe:

Serving: Prep Time:

Cook Time: Temperature:

Ingredients: Methods:

Wine Pairing:

From the Kitchen of:

Recipe:

Serving: Prep Time:

Cook Time: Temperature:

Ingredients: Methods:

Wine Pairing:

From the Kitchen of:

Recipe:

Serving:

Prep Time:

Cook Time:

Temperature:

Ingredients:

Methods:

Wine Pairing:

From the Kitchen of:

Recipe: _______________________________

Serving: _______________   Prep Time: _______________

Cook Time: _______________   Temperature: _______________

Ingredients: Methods:

Wine Pairing: _______________________________

From the Kitchen of: _______________________________

Recipe:

Serving:

Prep Time:

Cook Time:

Temperature:

Ingredients:

Methods:

Wine Pairing:

From the Kitchen of:

Recipe:

Serving:

Prep Time:

Cook Time:

Temperature:

Ingredients:

Methods:

Wine Pairing:

From the Kitchen of:

Recipe:

Serving: Prep Time:

Cook Time: Temperature:

Ingredients: Methods:

Wine Pairing:

From the Kitchen of:

Recipe: _______________________

Serving: _______________   Prep Time: _______________

Cook Time: _______________   Temperature: _______________

Ingredients: Methods:

Wine Pairing: _______________________

From the Kitchen of: _______________________

Recipe: _______________________________

Serving: _______________________   Prep Time: _______________________

Cook Time: _____________________   Temperature: _____________________

Ingredients: Methods:

Wine Pairing: ____

From the Kitchen of: _____________________________________

Recipe:

Serving:

Prep Time:

Cook Time:

Temperature:

Ingredients:

Methods:

Wine Pairing:

From the Kitchen of:

Recipe: ______________________________

Serving: ______________________   Prep Time: ______________________

Cook Time: ____________________   Temperature: ____________________

Ingredients: Methods:

___________________________   ___________________________
___________________________   ___________________________
___________________________   ___________________________
___________________________   ___________________________
___________________________   ___________________________
___________________________   ___________________________
___________________________   ___________________________
___________________________   ___________________________
___________________________   ___________________________
___________________________   ___________________________
___________________________   ___________________________
___________________________   ___________________________
___________________________   ___________________________
___________________________   ___________________________
___________________________   ___________________________
___________________________   ___________________________
___________________________   ___________________________
___________________________   ___________________________

Wine Pairing: _________________________

From the Kitchen of: __________________

Recipe:

Serving: Prep Time:

Cook Time: Temperature:

Ingredients: Methods:

Wine Pairing:

From the Kitchen of:

Recipe: ___________________________

Serving: ___________________ Prep Time: ___________________

Cook Time: ___________________ Temperature: ___________________

Ingredients:

____
____
____
____
____
____
____
____
____
____
____
____
____
____
____

Methods:

____
____
____
____
____
____
____
____
____
____
____
____
____
____
____

Wine Pairing: ___________________________

From the Kitchen of: ___________________________

Recipe:

Serving: Prep Time:

Cook Time: Temperature:

Ingredients: Methods:

Wine Pairing:

From the Kitchen of:

Recipe: ___________________________________

Serving: _______________   Prep Time: _______________

Cook Time: _______________   Temperature: _______________

Ingredients:

____
____
____
____
____
____
____
____
____
____
____
____
____
____
____
____

Methods:

____
____
____
____
____
____
____
____
____
____
____
____
____
____
____
____

Wine Pairing: _______________________________________

From the Kitchen of: _______________________________________

Recipe:

Serving: Prep Time:

Cook Time: Temperature:

Ingredients: Methods:

Wine Pairing:

From the Kitchen of:

Recipe: ___________________________

Serving: ___________________   Prep Time: ___________________

Cook Time: ___________________   Temperature: ___________________

Ingredients:

Methods:

Wine Pairing: ___________________

From the Kitchen of: ___________________

Recipe: _______________________

Serving: _______________________   Prep Time: _______________________

Cook Time: _______________________   Temperature: _______________________

Ingredients: Methods:

Wine Pairing: _______________________

From the Kitchen of: _______________________

Recipe:

Serving: Prep Time:

Cook Time: Temperature:

Ingredients: Methods:

Wine Pairing:

From the Kitchen of:

Recipe:

Serving:

Prep Time:

Cook Time:

Temperature:

Ingredients:

Methods:

Wine Pairing:

From the Kitchen of:

Recipe:

Serving: Prep Time:

Cook Time: Temperature:

Ingredients: Methods:

Wine Pairing:

From the Kitchen of:

Recipe:

Serving: Prep Time:

Cook Time: Temperature:

Ingredients: Methods:

Wine Pairing:

From the Kitchen of:

Recipe: _______________________________

Serving: _______________________   Prep Time: _______________________

Cook Time: _______________________   Temperature: _______________________

Ingredients:

______________________________________   Methods:

______________________________________   ______________________________________

Wine Pairing: _______________________

From the Kitchen of: _______________________

Recipe: ______________________________

Serving: ______________   Prep Time: ______________

Cook Time: ______________   Temperature: ______________

Ingredients: Methods:

_______________________   _______________________
_______________________   _______________________
_______________________   _______________________
_______________________   _______________________
_______________________   _______________________
_______________________   _______________________
_______________________   _______________________
_______________________   _______________________
_______________________   _______________________
_______________________   _______________________
_______________________   _______________________
_______________________   _______________________
_______________________   _______________________
_______________________   _______________________
_______________________   _______________________
_______________________   _______________________

Wine Pairing: ______________________________

From the Kitchen of: ______________________________

Recipe:

Serving:

Prep Time:

Cook Time:

Temperature:

Ingredients:

Methods:

Wine Pairing:

From the Kitchen of:

Recipe:

Serving: Prep Time:

Cook Time: Temperature:

Ingredients: Methods:

Wine Pairing:

From the Kitchen of:

Recipe: _______________________

Serving: ______________   Prep Time: ______________

Cook Time: ______________   Temperature: ______________

Ingredients:

____
____
____
____
____
____
____
____
____
____
____
____
____
____
____
____
____

Methods:

____
____
____
____
____
____
____
____
____
____
____
____
____
____
____
____
____

Wine Pairing: _______________________

From the Kitchen of: _______________________

Recipe:

Serving: Prep Time:

Cook Time: Temperature:

Ingredients: Methods:

Wine Pairing:

From the Kitchen of:

Recipe:

Serving:

Prep Time:

Cook Time:

Temperature:

Ingredients:

Methods:

Wine Pairing:

From the Kitchen of:

Recipe: _______________________________

Serving: _______________   Prep Time: _______________

Cook Time: _______________   Temperature: _______________

Ingredients: Methods:

________________________   ________________________
________________________   ________________________
________________________   ________________________
________________________   ________________________
________________________   ________________________
________________________   ________________________
________________________   ________________________
________________________   ________________________
________________________   ________________________
________________________   ________________________
________________________   ________________________
________________________   ________________________
________________________   ________________________
________________________   ________________________
________________________   ________________________
________________________   ________________________
________________________   ________________________
________________________   ________________________
________________________   ________________________

Wine Pairing: _______________________________

From the Kitchen of: _______________________________

Recipe: ____

Serving: _______________________   Prep Time: _______________________

Cook Time: _______________________   Temperature: _______________________

Ingredients:

____
____
____
____
____
____
____
____
____
____
____
____
____
____

Methods:

____
____
____
____
____
____
____
____
____
____
____
____
____
____

Wine Pairing: ____

From the Kitchen of: ____

Recipe: ______________________________

Serving: ______________   Prep Time: ______________

Cook Time: ______________   Temperature: ______________

Ingredients: Methods:

Wine Pairing: ______________________________

From the Kitchen of: ______________________________

Recipe:

Serving:

Prep Time:

Cook Time:

Temperature:

Ingredients:

Methods:

Wine Pairing:

From the Kitchen of:

Recipe:

Serving:

Prep Time:

Cook Time:

Temperature:

Ingredients:

Methods:

Wine Pairing:

From the Kitchen of:

Recipe:

Serving: Prep Time:

Cook Time: Temperature:

Ingredients: Methods:

Wine Pairing:

From the Kitchen of:

Recipe:

Serving: Prep Time:

Cook Time: Temperature:

Ingredients: Methods:

Wine Pairing:

From the Kitchen of:

Recipe:

Serving:

Prep Time:

Cook Time:

Temperature:

Ingredients:

Methods:

Wine Pairing:

From the Kitchen of:

Recipe:

Serving:

Prep Time:

Cook Time:

Temperature:

Ingredients:

Methods:

Wine Pairing:

From the Kitchen of:

Recipe: ____

Serving: _______________________   Prep Time: _______________________

Cook Time: _____________________   Temperature: ____________________

Ingredients: Methods:

_______________________   _______________________
_______________________   _______________________
_______________________   _______________________
_______________________   _______________________
_______________________   _______________________
_______________________   _______________________
_______________________   _______________________
_______________________   _______________________
_______________________   _______________________
_______________________   _______________________
_______________________   _______________________
_______________________   _______________________
_______________________   _______________________
_______________________   _______________________
_______________________   _______________________
_______________________   _______________________
_______________________   _______________________

Wine Pairing: ____

From the Kitchen of: ___________________________________

Recipe:

Serving: Prep Time:

Cook Time: Temperature:

Ingredients: Methods:

Wine Pairing:

From the Kitchen of:

Recipe: _______________________________

Serving: _______________   Prep Time: _______________

Cook Time: _______________   Temperature: _______________

Ingredients:

____
____
____
____
____
____
____
____
____
____
____
____
____
____
____
____

Methods:

____
____
____
____
____
____
____
____
____
____
____
____
____
____
____
____

Wine Pairing: _______________________________

From the Kitchen of: _______________________________

Recipe: _______________

Serving: _______________   Prep Time: _______________

Cook Time: _______________   Temperature: _______________

Ingredients: Methods:

Wine Pairing: _______________

From the Kitchen of: _______________

Recipe: ______________________________

Serving: ______________   Prep Time: ______________

Cook Time: ______________   Temperature: ______________

Ingredients:

____

____

____

____

____

____

____

____

____

____

____

____

____

____

____

____

Methods:

____

____

____

____

____

____

____

____

____

____

____

____

____

____

____

____

Wine Pairing: ______________________________

From the Kitchen of: ______________________________

Recipe:

Serving:

Prep Time:

Cook Time:

Temperature:

Ingredients:

Methods:

Wine Pairing:

From the Kitchen of:

Recipe: ______________________________

Serving: ______________   Prep Time: ______________

Cook Time: ______________   Temperature: ______________

Ingredients:

____

____

____

____

____

____

____

____

____

____

____

____

____

____

Methods:

____

____

____

____

____

____

____

____

____

____

____

____

____

____

Wine Pairing: ______________________________

From the Kitchen of: ______________________________

Recipe:

Serving:

Prep Time:

Cook Time:

Temperature:

Ingredients:

Methods:

Wine Pairing:

From the Kitchen of:

Recipe:

Serving:

Prep Time:

Cook Time:

Temperature:

Ingredients:

Methods:

Wine Pairing:

From the Kitchen of:

Recipe:

Serving: Prep Time:

Cook Time: Temperature:

Ingredients: Methods:

Wine Pairing:

From the Kitchen of:

Recipe:

Serving: Prep Time:

Cook Time: Temperature:

Ingredients: Methods:

Wine Pairing:

From the Kitchen of:

Recipe: _______________________________

Serving: _______________________   Prep Time: _______________________

Cook Time: _______________________   Temperature: _______________________

Ingredients: Methods:

Wine Pairing: _______________________________

From the Kitchen of: _______________________________

Recipe: _______________________________

Serving: _______________   Prep Time: _______________

Cook Time: _______________   Temperature: _______________

Ingredients: Methods:

_______________________   _______________________
_______________________   _______________________
_______________________   _______________________
_______________________   _______________________
_______________________   _______________________
_______________________   _______________________
_______________________   _______________________
_______________________   _______________________
_______________________   _______________________
_______________________   _______________________
_______________________   _______________________
_______________________   _______________________
_______________________   _______________________
_______________________   _______________________
_______________________   _______________________
_______________________   _______________________
_______________________   _______________________
_______________________   _______________________
_______________________   _______________________

Wine Pairing: _______________________________

From the Kitchen of: _______________________________

Recipe:

Serving: Prep Time:

Cook Time: Temperature:

Ingredients: Methods:

Wine Pairing:

From the Kitchen of:

Recipe:

Serving:

Prep Time:

Cook Time:

Temperature:

Ingredients:

Methods:

Wine Pairing:

From the Kitchen of:

Recipe: ____

Serving: _______________________   Prep Time: _______________________

Cook Time: _______________________   Temperature: _______________________

Ingredients: Methods:

_______________________   _______________________
_______________________   _______________________
_______________________   _______________________
_______________________   _______________________
_______________________   _______________________
_______________________   _______________________
_______________________   _______________________
_______________________   _______________________
_______________________   _______________________
_______________________   _______________________
_______________________   _______________________
_______________________   _______________________
_______________________   _______________________
_______________________   _______________________
_______________________   _______________________
_______________________   _______________________

Wine Pairing: ____

From the Kitchen of: ____

Recipe:

Serving:

Prep Time:

Cook Time:

Temperature:

Ingredients:

Methods:

Wine Pairing:

From the Kitchen of:

Recipe:

Serving: Prep Time:

Cook Time: Temperature:

Ingredients: Methods:

Wine Pairing:

From the Kitchen of:

Recipe:

Serving:

Prep Time:

Cook Time:

Temperature:

Ingredients:

Methods:

Wine Pairing:

From the Kitchen of:

Recipe: _______________________

Serving: ______________   Prep Time: ______________

Cook Time: ______________   Temperature: ______________

Ingredients:

____

____

____

____

____

____

____

____

____

____

____

____

____

____

____

____

____

____

Methods:

____

____

____

____

____

____

____

____

____

____

____

____

____

____

____

____

____

____

Wine Pairing: _______________________

From the Kitchen of: _______________________

Recipe: _______________________________

Serving: _______________   Prep Time: _______________

Cook Time: _______________   Temperature: _______________

Ingredients: Methods:

_______________________   _______________________
_______________________   _______________________
_______________________   _______________________
_______________________   _______________________
_______________________   _______________________
_______________________   _______________________
_______________________   _______________________
_______________________   _______________________
_______________________   _______________________
_______________________   _______________________
_______________________   _______________________
_______________________   _______________________
_______________________   _______________________
_______________________   _______________________
_______________________   _______________________
_______________________   _______________________

Wine Pairing: _______________________________

From the Kitchen of: _______________________________

Recipe: ____

Serving: _______________________   Prep Time: _______________________

Cook Time: _______________________   Temperature: _______________________

Ingredients:

____

____

____

____

____

____

____

____

____

____

____

____

____

Methods:

____

____

____

____

____

____

____

____

____

____

____

____

____

Wine Pairing: _______________________________________

From the Kitchen of: _______________________________________

Recipe:

Serving:

Prep Time:

Cook Time:

Temperature:

Ingredients:

Methods:

Wine Pairing:

From the Kitchen of:

Recipe: _______________________________

Serving: _______________   Prep Time: _______________

Cook Time: _______________   Temperature: _______________

Ingredients: | Methods:

Wine Pairing: _______________________________

From the Kitchen of: _______________________________

Recipe:

Serving: Prep Time:

Cook Time: Temperature:

Ingredients: Methods:

Wine Pairing:

From the Kitchen of:

Recipe: ___________________________________

Serving: _______________   Prep Time: _______________

Cook Time: _______________   Temperature: _______________

Ingredients:

____
____
____
____
____
____
____
____
____
____
____
____
____

Methods:

____
____
____
____
____
____
____
____
____
____
____
____
____

Wine Pairing: _______________________________

From the Kitchen of: _______________________________

Recipe:

Serving: Prep Time:

Cook Time: Temperature:

Ingredients: Methods:

Wine Pairing:

From the Kitchen of:

Recipe: _______________________________

Serving: _____________   Prep Time: _____________

Cook Time: _____________   Temperature: _____________

Ingredients:

____
____
____
____
____
____
____
____
____
____
____
____
____
____
____
____

Methods:

____
____
____
____
____
____
____
____
____
____
____
____
____
____
____
____

Wine Pairing: _______________________________

From the Kitchen of: _______________________________

Recipe: ____________________

Serving: ____________________   Prep Time: ____________________

Cook Time: ____________________   Temperature: ____________________

Ingredients: | Methods:

Wine Pairing: ____________________

From the Kitchen of: ____________________

Recipe: _______________________________

Serving: _______________   Prep Time: _______________

Cook Time: _______________   Temperature: _______________

Ingredients: Methods:

Wine Pairing: _______________________________

From the Kitchen of: _______________________________

Recipe:

Serving:

Prep Time:

Cook Time:

Temperature:

Ingredients:

Methods:

Wine Pairing:

From the Kitchen of:

Recipe:

Serving:

Prep Time:

Cook Time:

Temperature:

Ingredients:

Methods:

Wine Pairing:

From the Kitchen of:

Recipe:

Serving: Prep Time:

Cook Time: Temperature:

Ingredients: Methods:

Wine Pairing:

From the Kitchen of:

Recipe: _______________________________

Serving: ___________________   Prep Time: ___________________

Cook Time: _________________   Temperature: _________________

Ingredients: Methods:

_________________________   _________________________
_________________________   _________________________
_________________________   _________________________
_________________________   _________________________
_________________________   _________________________
_________________________   _________________________
_________________________   _________________________
_________________________   _________________________
_________________________   _________________________
_________________________   _________________________
_________________________   _________________________
_________________________   _________________________
_________________________   _________________________
_________________________   _________________________
_________________________   _________________________
_________________________   _________________________

Wine Pairing: _______________________________

From the Kitchen of: _______________________________

Recipe: ___________________________

Serving: ___________________   Prep Time: ___________________

Cook Time: ___________________   Temperature: ___________________

Ingredients:
____
____
____
____
____
____
____
____
____
____
____
____
____
____
____
____
____

Methods:
____
____
____
____
____
____
____
____
____
____
____
____
____
____
____
____
____

Wine Pairing: ___________________________

From the Kitchen of: ___________________________

Recipe:

Serving:

Prep Time:

Cook Time:

Temperature:

Ingredients:

Methods:

Wine Pairing:

From the Kitchen of:

Recipe:

Serving:

Prep Time:

Cook Time:

Temperature:

Ingredients:

Methods:

Wine Pairing:

From the Kitchen of: